DIE JAHRES-ZEITEN

Idee:
Christophe Hublet

Text:
Emilie Beaumont
Stéphanie Redoulès

Illustrationen:
Catherine Ferrier

Übersetzung aus dem Französischen
von Claudia Jost

FLEURUS VERLAG

Die Jahreszeiten

Die Jahreszeiten unterteilen das Jahr in Zeitabschnitte, die sich vom Wetter her unterscheiden. Bei uns gibt es vier Jahreszeiten, in anderen Regionen dagegen nur zwei.

Je nach Einfall der Sonnenstrahlen auf der Erde und Dauer der Sonneneinstrahlung wechseln die Jahreszeiten und es ist mehr oder weniger warm oder kalt.

In einigen Regionen unserer Erde kennt man nur zwei Jahreszeiten. So gibt es in der Savanne eine trockene und heiße Periode, die einen Großteil des Jahres dauert. Sie wird von einer kurzen Regenzeit unterbrochen, während der das Leben und die Farben in die Natur zurückkehren. Das Gras grünt und sprießt, die Sträucher blühen …

In einigen Ländern ist es das ganze Jahr über warm. Während der Regenzeit werden die Dörfer und Städte oft überschwemmt.

Auch die Regenwälder liegen in warmen Regionen. Dort gibt es keine Regenzeit, stattdessen regnet es jeden Tag ein bisschen.

In der Heimat des Eisbären gibt es nur zwei Jahreszeiten, aber diese sind sehr lang. Im Winter geht die Sonne kaum auf, es bleibt auch tagsüber dunkel und ist sehr kalt. Im Sommer dagegen geht die Sonne nicht unter und es wird auch nachts nie richtig dunkel. In dieser Zeit ist es auch nicht mehr so kalt.

Der Winter

Im Winter schläft die Natur. Die Tage sind kürzer und die Nächte länger. Die meisten Bäume haben ihre Blätter abgeworfen. Es ist kalt und manchmal friert und schneit es. Damit wir uns keine Erkältung holen, müssen wir uns warm anziehen.

Die Tannen behalten ihre Nadeln, sie sind immergrün.

Im Winter brauchen wir warme Mäntel, Mützen, Schals und Handschuhe.

Im Winter spielen wir viel im Haus, wo es kuschelig warm ist. Wir gehen dann nicht mehr so oft nach draußen, denn es ist kalt und wird früh dunkel.

Kurz vor Weihnachten ist Winteranfang. Dann schmücken wir den Weihnachtsbaum und warten gespannt auf die Geschenke.

Die Vögel finden kaum noch Futter. Ihr könnt ihnen etwas Vogelfutter geben.

Ein alter katholischer Brauch ist das Sternsingen am Dreikönigstag. Viele Kinder verkleiden sich als die Heiligen Drei Könige, ziehen von Haus zu Haus und sammeln Spenden für die Armen.

Hurra, es schneit! Wenn genug Schnee liegt, kann man einen Schneemann bauen.

Der Winter

Im Winter, wenn der Schnee alles bedeckt und der Boden gefroren ist, finden die Tiere kaum noch etwas zu fressen. Die Bauern arbeiten in dieser Zeit nicht auf den Feldern, sondern fällen Holz, machen Reparaturen und versorgen ihre Tiere.

Einige Tiere, wie das Eichhörnchen, suchen ihre Vorräte auf, die sie im Herbst versteckt haben. Andere Tiere, wie das Reh, kratzen auf der Suche nach etwas Nahrung den Boden auf.

Im Winter, wenn die Nahrung knapp wird, halten einige Tiere Winterschlaf. Hier schläft ein Dachs in seinem warmen unterirdischen Bau.

In den Alpen lebt der Schneehase. Sein Fell färbt sich im Winter weiß und bietet somit im Schnee eine gute Tarnung.

Der Bauer hackt Holz und schichtet es auf, damit es trocknen kann.

Die Kühe bleiben im Stall, weil es auf den Weiden nicht mehr genügend Gras gibt. Sie fressen jetzt das Heu und Futter, das der Bauer ihnen bringt.

Der Frühling

Nach dem langen Winter kommt der Frühling. Die Tage werden länger, die Temperaturen steigen. Die Bäume bekommen wieder Blätter. In den Gärten sprießen die ersten Blumen.

Von Tag zu Tag wird der Himmel blauer und die Sonne wärmt immer mehr.

Die Knospen des Winters springen auf.

Jetzt ist es Zeit zu säen und zu pflanzen.

Im März fällt oft ein kurzer, aber heftiger Regen: der Graupelschauer. Manchmal sehen wir dann bei Sonnenlicht einen Regenbogen.

Wenn du Glück hast, entdeckst du bei einem Waldspaziergang wild wachsene Maiglöckchen. Sie stehen unter Naturschutz.

Die Bäume stehen in voller Blüte.

An Ostern suchen viele Kinder Eier und Schokolade, die im Garten und auf den Balkonen versteckt sind.

Der Frühling

Im Frühling erwacht die Natur und die Vögel beginnen wieder zu singen. Jetzt werden auf dem Bauernhof und im Wald viele Tiere geboren.

Die kleinen Vögel schlüpfen aus den Eiern.

Das Reh hat ein Kitz zur Welt gebracht.

Die Narzissen blühen in strahlendem Gelb.

Die kleinen Frösche sind wieder da und quaken um die Wette.

Das Fohlen läuft ausgelassen neben seiner Mutter, der Stute, her. Im Stall bringen die Kühe ihre Kälber zur Welt.

Die Schwalben kehren aus dem warmen Süden zurück, wo sie den Winter verbracht haben. Sie bauen ihre Nester und legen ihre Eier.

Der Bauer düngt seine Felder, damit das Korn, das er im letzten Herbst gesät hat, kräftig wächst.

Eine Kuh mit ihrem Kalb.

Im Frühjahr werden die Herden wieder auf die Weiden geführt, wo sie das junge Gras fressen. Die Bergbauern treiben ihr Vieh bis zum Ende des Sommers auf die Almen.

Der Sommer

Der Sommer ist die wärmste Jahreszeit. Der Himmel ist oft blau und die Sonne scheint. Die Tage sind sehr lang und die Nächte kurz. Jetzt ist die Zeit für ein Picknick, Wasserspiele und Grillen im Garten.

Damit auch im Sommer der Rasen schön bleibt, muss er regelmäßig gemäht werden.

Die Äpfel sind noch grün und hart, aber dafür kann man schon Kirschen und Pflaumen pflücken.

Der Himmel wird manchmal ganz dunkel, es blitzt und donnert: Das ist ein Gewitter. In den Bergen sind sie gegen Abend recht häufig.

Im Sommer haben die Kinder große Ferien. Viele Familien fahren in den Urlaub in die Berge oder ans Meer oder machen Ausflüge.

Der Garten muss gegossen werden und damit das Gemüse gut wachsen kann, muss auch das Unkraut gejätet werden.

Zu Beginn des Sommers sind die Tage am längsten. Jetzt finden viele Musikveranstaltungen statt. Den ganzen Abend über singen und spielen in den Städten die Bands unter freiem Himmel.

Der Sommer

Im Sommer ist es angenehm, im Wald spazieren zu gehen oder sich im Schatten der großen Bäume auszuruhen. Sie spenden ein wenig Kühle. Auf den Feldern beginnt die Ernte.

Der Sommer ist auch die Zeit der Insekten: Bienen, Wespen, Schmetterlinge, Libellen ...

Wenn es heißt ist, wimmelt es an den Gewässern nur so von Mücken!

Nach der Ernte bleiben die Halme des Getreides, das Stroh, übrig. Es wird in große Rollen gepresst und im Winter als Streu im Stall benutzt.

In der Sonne reifen viele Früchte und Gemüsesorten heran. Jetzt ist die Zeit der Erdbeeren, Johannisbeeren, Melonen, Tomaten ...

Im Juli wird das Getreide geerntet: Weizen, Mais, Gerste ...

Die Bienen sammeln den Nektar von den Blumen. Der Nektar schmeckt süß und die Bienen bringen ihn in ihren Stock. Dort machen sie feinen Honig daraus.

Der Herbst

Die Tage werden jetzt immer kürzer und es ist nicht mehr so warm wie im Sommer. Das Wetter wird grau und regnerisch, die Blätter an den Bäumen färben sich gelb und fallen ab. Jetzt werden die Äpfel, Birnen, Walnüsse und Haselnüsse geerntet.

Im Herbst ziehen oft graue Wolken am Himmel entlang. Der Wind pfeift und schiebt das welke Laub vor sich her.

Die Blätter liegen überall herum. Sie müssen aufgesammelt werden.

Im Herbst werden die Tulpen- und Narzissenzwiebeln eingepflanzt. Im nächsten Frühjahr blühen sie in leuchtenden Farben.

In den Herbstferien können wir im Wald Kastanien und Pilze sammeln. Frag immer einen Erwachsenen, ob der Pilz nicht giftig ist!

Im Gemüsegarten wird jetzt der Kohl, der Lauch und der Kürbis geerntet.

Am 31. Oktober ist Halloween. Die Kinder verkleiden sich, gehen von Haus zu Haus und bitten um Bonbons. In den Fenstern stehen beleuchtete Kürbisse mit geschnitzten Fratzengesichtern.

Der Herbst

Die Zugvögel sammeln sich und machen sich auf den Weg in den warmen Süden. Das ist das Zeichen, dass der Sommer zu Ende geht. Einige Tiere legen Vorräte an, andere, wie der Fuchs, bekommen ein dickeres Fell, damit sie die kalte Jahreszeit besser überstehen.

Im September werden die Trauben geerntet. Jetzt ist die Zeit der Weinlese. In den Weinbergen füllen die Pflücker ihre Körbe mit den reifen Trauben.

Das Eichhörnchen spürt, dass es kalt wird, und legt deshalb in einem Versteck Vorräte an. Im Winter wird es die Nüsse aus dem Versteck holen.

Auf den Feldern und in den Wäldern jagen die Jäger mithilfe ihrer Hunde nach Wild (Hasen, Wildschweine, Rotwild …).

Bevor der Bauer das Korn für den kommenden Sommer aussät, muss er den Boden bearbeiten. Er pflügt ihn um, damit die Körner tief hineinfallen können.